Führer für
DEN VIGELANDSPARK
IN OSLO

von
TONE WIKBORG
Hauptkustodin, Vigeland-Museum
1991

NORMANNS KUNSTFORLAG AS, OSLO
Photo credits: Urpo Tarnanen & Normanns Kunstforlag.

Gustav Vigeland

Gustav Vigeland

Gustav Vigeland und Edvard Munch sind die beiden prominentesten norwegischen Künstler dieses Jahrhunderts. Munchs Bilder kann man in vielen Ländern bewundern. Vigelands Skulpturen sind dagegen mit einigen wenigen Ausnahmen nur in Oslo zu sehen. Soweit er im Ausland überhaupt bekannt ist, ist dies dem großen Skulpturenpark zu verdanken, der voll und ganz sein Werk ist und zur beliebtesten Sehenswürdigkeit der Hauptstadt geworden ist. Da es nur wenig Literatur über den Künstler gibt, soll an dieser Stelle etwas über sein Leben gesagt werden.

Gustav Vigeland wurde am 11. April 1869 in Mandal, einem Städtchen an der norwegischen Südküste, geboren. Die Eltern stammten aus altem Bauerngeschlecht, aber der Vater war ausschließlich als Möbelschreiner tätig. Da er einer pietistischen Erweckungsbewegung angehörte, wurden die vier Söhne, deren zweitältester Gustav war, in strenger Gottesfurcht erzogen. Schon als Junge zeigte er Begabung für die Holzschnitzerei. Als Fünfzehnjähriger trat er eine zweijährige Lehre an. Sehr früh war ihm klar, daß er Bildhauer werden wollte; aber als der Vater 1896 starb und das Geld knapp wurde, schien die Erfüllung solcher Pläne völlig ausgeschlossen. Trotzdem studierte er auf eigene Faust Anatomie nach Büchern, zeichnete in jeder freien Minute und las alles Erreichbare. Homer und die griechischen Dramen hatten es ihm besonders angetan, und die Bewunderung für die Antike, deren Literatur und bildender Kunst, hielt zeit seines Lebens an.

Nachdem er eine zeitlang in Oslo gehungert und gedarbt hatte, suchte er im Februar 1889 den bekannten Bildhauer Brynjulf Bergslien auf und zeigte ihm Zeichnungen, die er als Entwurf für Figuren und Gruppen gemacht hatte. Bergslien veranlaßte dann, daß einige wohlhabende Bürger von Oslo ein Jahr lang monatlich kleinere Summen spendeten zur «Ausbildung und Unterstützung von Gustav Vigeland» und gab ihm selbst den ersten Unterricht im Modellieren, Gipsgießen und Marmorbildhauerei. Gleichzeitig besuchte Vigeland die königliche Zeichenschule, wo er den Bildhauer Mathias Skeibrok als Lehrer hatte. Bereits im Herbst 1889 wurde Vigelands kleine Mutter-Kind-Gruppe — Hagar und Ismael — von der Staatlichen Kunstausstellung angenommen.

In den folgenden Jahren erhielt er mehrere Reisestipendien. Zuerst zog es ihn nach Kopenhagen, wo er 1891 im Atelier von Professor V. Bissens an seiner Gruppe mit dem titel Verdammt arbeiten durfte, einer Komposition aus mehreren Figuren in Lebensgröße. 1893 reiste er dann nach Paris. Dort mietete er ein Atelier und widmete sich ansonsten dem Selbststudium. Die Begegnung mit Auguste Rodins Kunst in Paris sollte eine nachhaltige Bedeutung für ihn bekommen. Er modellierte jetzt seine ersten erotischen Gruppen, und die Mann-Frau-Motive standen von da ab immer im Mittelpunkt seiner Kunst. Auch sein Hauptwerk aus den Jugendjahren, das große Relief Die Hölle (1894 und 1897) schien von Rodins Porte d'Enfer inspiriert zu sein.

1894 hatte Vigeland seine erste eigene Ausstellung. Die Kritiken waren überwiegend positiv, und man setzte große Hoffnungen in ihn. Versehen mit neuen Stipendien konnte er 1895 seine Reise nach Berlin und Florenz antreten. In Berlin, wo er im selben Hotel wohnte wie Edvard Munch, schloß er sich dem Kreis deutscher und skandinavischer Künstler an, die ihren Stammtisch in der Weinstube «Zum schwartzen Ferkel» hatten. 1896 ging es dann direkt nach Florenz, um die Kunst der Antike und Renaissance zu studieren. Von dort schreibt er nach Hause: «Jeden Tag sehe ich ein, daß die Skulptur strenger werden muß. Das Ideal einer monumentaleren Skulptur zeichnet sich ab.

Da es nicht möglich war, auf sich gestellt von eigener Produktion zu leben, bemühte sich Vigeland ab 1897 um Aufgaben an der mittelalterlichen Kathedrale in Trondheim, die um diese Zeit wieder aufgebaut wurde. Er führte u.a. biblische Figuren am Chorbogen aus (für die Kaiser Wilhelm II. Geld gestiftet hatte, das er jedoch lieber für andere Teile des Wiederaufbaus verwendet sehen wollte, als er sah, daß die Figuren bemalt waren). Für eine Serie Wasserspeier und andere Figuren an den Türmen schuf er mehrere groteske Tiere und andere Darstellungen, die von der mittelalterlichen Vorstellungswelt angeregt waren. Er stellte zum ersten Mal den Menschen im Kampf mit den Dämonen dar, symbolisiert als Drache oder Lindwurm, ein Thema, zu dem er später mit persönlicherem Symbolgehalt zurückkehren sollte. Ein letztes Stipendium zum Studium gotischer Skulptur nutzte er dazu, sich ab Herbst 1900 ein Jahr lang in Frankreich und England aufzuhalten. Aber er fühlte immer stärker den Zwang, Skulpturen im Stil eines anderen Zeitalters schaffen zu müssen; deshalb nahm er nach 1902 keine neuen Aufträge für die Kirche mehr an.

Um die Jahrhundertwende machte Vigeland verschiedene Portraitbüsten bekannter Norweger; aber erst mit dem Monument über den Mathematiker N. H. Abel (1902—05, das 1908 im Schloßpark in Oslo seinen Platz fand) war sein Glück gemacht. In den nächsten Jahren schuf er mehrere andere Denkmäler, außer einer Serie Mann-Frau-Darstellungen. Ab 1907 beschäftigte er sich immer ausschließlicher mit all den Skulpturen, die wir heute im Vigelandspark sehen können. Obwohl er zurückgezogen lebte und sich auf dies lebenslange Werk konzentrierte und nur noch selten kurze Reisen unternahm, verfolgte er anhand von Zeitschriften und Büchern die Entwicklung der Kunst in Europa. Er interessierte sich auch stark für die ältere asiatische Kunst. Seine umfangreiche Bibliothek zeugt außerdem auch von mannigfachen literarischen Interessen.

Von der Stadt Oslo erfuhr Vigeland eine ganz außergewöhnliche Groß-
zügigkeit, besonders wenn man die damaligen finanziellen Verhältnisse
bedenkt. Er durfte nicht nur seine immer weitschweifigeren Pläne um eine
Skulpturenanlage durchführen—als er ein neues, größeres Atelier benötigte,
das seine finanziellen Möglichkeiten übersteige würde, schlug er den Osloer
Stadtvätern vor, daß er der Stadt alle seine Arbeiten und die Originalmodelle
künftiger Skulpturen stiften könne, wenn er als Gegenleistung ein Atelier
und späteres Museum dafür bauen dürfe. 1921 wurde ein Vertrag unter-
zeichnet, und 1924 konnte Vigeland sein Atelier in den palastähnlichen
Gebäude im Osloer Stadtteil Frogner in Besitz nehmen. Hier hatte er die
denkbar besten Arbeitsmöglichkeiten und freie Wohnung, allerdings kein
Gehalt von der Stadt. Auf eigenen Wunsch erhielt er auch kein Honorar für
seine Arbeit an den Parkskulpturen, mit Ausnahme der Fontäne. Er stellte
fest, daß er genügend verdiente an anderen Arbeiten wie Denkmälern und
Portraits und am Verkauf von Holzschnitten, die er seit 1915 fertigte.

Vigeland starb am 12. März 1943. Seine Urne wurde im Turm über dem
Haupteingang zu seinem Atelier und Museum eingelassen, das 1947 dem
Publikum zugänglich gemacht wurde. Hier befindet sich fast sein gesamtes
Werk, rund 1600 Skulpturen, 1200 Zeichnungen und 400 Holzschnitte.

Der Vigelandspark

Es ist eine Anlage von insgesamt rund 32 Hektar, die im Gegensatz zu den
meisten anderen Skulpturenparks rund um die Uhr geöffnet ist. Gustav
Vigeland der Schöpfer des ganzen Anwesens, er hat ni nur sämtliche Skulpturen maßstabsgetreu modelliert, sondern auch die schmiedeeisernen Tore
entworfen, die architektonischen Elemente und den gesamten Parkplan
gezeichnet. So konnte Vigeland den Traum der Künstler des Jahrhunderts
vom «Gesamtkunstwerk» verwirklichen.

Aber der Vigelandspark, wie wir ihn heute sehen, ist nicht nur aus einer
ursprünglichen Vision heraus entstanden. Er ist das Ergebnis eines
schöpferischen Prozesses von mehr als 40 Jahren, dessen Ausgangspunkt
der große Springbrunnen war. Im Laufe der Jahre schlug Vigeland immer
wieder neue Skulpturen vor und brachte immer neue Aufstellungsentwürfe,
die der Öffentlichkeit und den städtischen Behörden unterbreitet wurden.
Die diversen Pläne wurden jedesmal heftig debattiert, aber Vigeland durfte
sie schließlich immer so durchführen wie er es wünschte.

Vigeland hatte lange mit dem Gedanken gespielt, eine Fontäne mit
Skulpturen zu machen, als er 1906 ein Modell in einem Fünftel der
Originalgröße ausstellte; 6 Giganten tragen eine Schale in der Mitte eines
Bassins, an dessen Rand sich 20 Gruppen, aus Menschen bestehend be-
finden und am Beckenrand eine fortlaufende Reihe von Reliefs. Ein privates

Kommitee sammelte bedeutende Geldmittel ein, und 1907 beschloß der Osloer Stadtrat, die Fontäne bauen zu lassen. Als die Brunnenskulpturen dann nahezu vollendet waren, unterbreitete Vigeland 1916 einen neuen Plan.

Er wollte die Fontänenanlage durch eine Serie von Granitgruppen erweitern, die er im Schloßpark aufstellen wollte. 1921 äußerte er dann den Wunsch, die Fontäne, die Granitskulpturen und noch eine Skulptur, den Monolithen, vor seinem künftigen Atelier und Museum aufzubauen. Auf Bitten des Stadtrats arbeitete er dann aber einen neuen Gesamtplan für ein unbebautes Grundstück im Anschluß an den ursprünglichen Frognerpark aus. Dieser Plan wurde 1924 angenommen, nach und nach auch Vigelands Vorschläge eine Eingangspartie, weitere Skulpturen und bedeutende Erweiterungen des Parkgeländes.

Der Parkplan war von Vigelands Hand 1930 nahezu fertig, so daß man mit den Grundarbeiten beginnen konnte. Die ersten Skulpturen waren 1939 an Ort und Stelle, die Fontäne war erst 1947 fertig, und noch immer warten einige kleinere Arbeiten auf ihre Vollendung. Die meisten Skulpturen stehen in fünf großen Gruppen an der 850 Meter langen Hauptachse; eine Querachse, die diese Hauptachse in Höhe der Fontäne unterbricht, kommt weniger stark zur Geltung. Lange Ahornalleen unterteilen die weitläufigen Rasenpartien. Der streng formelle und geometrische Grundriß scheint sowohl von der Gartenkunst des Barock als auch von den klassizistischen Strömungen der 1920er Jahre beeinflußt zu sein.

Die Skulpturen werden von hier ab in der Reihenfolge besprochen, in der der Besucher sie antrifft und nicht chronologisch nach ihrem Entstehungsjahr.

Der Haupteingang

In der Mitte eines Vorplatzes am Kirkeveien markieren fünf große schmiedeeiserne Portale und zwei kleinere Seitentore den Eingang zum Park. Die ersten Entwürfe zu den Toren stammen von 1926 und wurden 1927 zusammen mit einzelnen bereits fertiggeschmiedeten Details ausgestellt. Noch im selben Jahr machte die Oslo Sparebank durch ihre Spende die Ausführung möglich.

Jedes der fünf Portale hat zwei Tore, jeweils mit drei runden Feldern übereinander: oben und unten sind es ornamentale, stilisierte Motive nach organischen Gebilden, unterschiedlich an jedem Tor, während der Kreis in der Mitte verschiedene Darstellungen von Drachen und anderen Fabeltieren zeigt. Auf dem Mitteltor ist das Tier von unentwirrbarem Tauwerk gefesselt, in den übrigen Toren sind die Tiere im Kampf dargestellt oder ineinander verkettet, offensichtlich von den mittelalterlichen Drachenranken inspiriert, wie z.B. an den Stabkirchenportalen. Dagegen sind die abschließenden Partien mit den von hohen Eisenstangen getragenen Lampen, die Mitte der dreißiger Jahre entworfen wurden, eher vom Art Deco-Stil beeinflußt.

Von den Toren aus zieht sich ein schwach gebogenes Gitter auf beiden Seiten des Vorplatzes zu je einem Pförtnerhäuschen hin. Auf dem Dach sind Wetterfahnen aus vergoldete Kupfer, horizontale Figuren, ein Mann und eine Frau, und zum Platz hin eine Bronzetür mit 6 kleinen kreisrunden Reliefs, die erst 1942 modelliert wurden. Sie stellen Menschen und Drachen dar, die unauflöslich ineinander verstrickt sind. Sieht man Drache und Echse nach alter Tradition als Sinnbild des Bösen, dann rufen diese einfachen kleinen Reliefs eine pessimistische und düstere Stimmung hervor.

Die Brücke

Vom Haupteingang führen Alleen beidseitig einer Rasenfläche zur 100 Meter langen und 15 Meter breiten Brücke. Auf dem Geländer aus Granit stehen 58 bronzene Figuren und Gruppen, die zwischen 1926 und 1933 entstanden sind. In jeder der vier Ecken thront eine Granitgruppe — Drache und Mensch — auf hohen Granitsäulen. Drei davon sind Darstellungen eines Mannes im Kampf mit dem Drachen, während die vierte eine Frau zeigt, die sich von dem Untier umarmen lässt.

Die Figuren auf den Geländern zeigen Menschen verschiedenen Alters. Vorherrschende Motive unter den Gruppen sind die Beziehungen Mann-Frau und Eltern-Kinder. Hier findet man erotische Spiele und Kämpfe, aber auch beschauliche Stunden der Liebe. In einer der Gruppen schweben ein Mann und eine Frau ineinander verschlungen in einem Rad — als Symbol der ewigen Anziehung zwischen Mann und Frau und der aus dem Maskulinen und Femininen bestehenden Einheit. Gegenüber steht eine andere Radgruppe; dort versucht ein Mann, aus dem ihn einengenden Ring auszubrechen.

Das Verhältnis zwischen Eltern und Kindern ist in vielerlei Versionen dargestellt. Das Motiv Mutter-Kind hat lange Traditionen in der Kunst, während die Darstellung der Beziehung des Vaters zum Kind eine originalere Idee ist. Unter den vielen Einzelfiguren mag wohl das *Trotzköpfchen* eine der bekanntesten sein.

Bei der Aufstellung der Skulpturen wechselte der Künstler ganz bewußt zwischen ruhigen Figuren und dynamisch bewegten ab. Alle sind dem Beschauer auf der Brücke zugewandt oder «bewegen sich» in klarer Silhouette gegen den Himmel. In diesen Skulpturen hat sich Vigeland einer klassizistischen Formsprache genähert; die Konturen sind fest und einfach, die Figuren etwas breit und füllig.

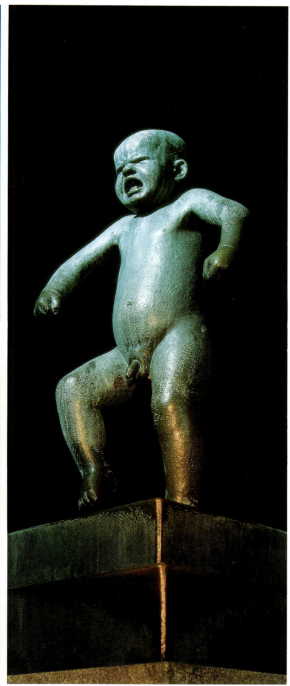

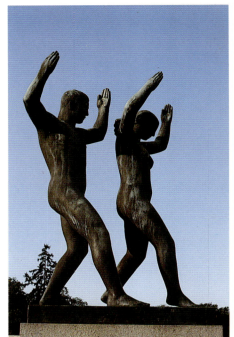

Der Kinderplatz
Am Teichufer südlich der Brücke liegt der sogenannte Kinderplatz, ein kleiner Platz mit acht im Kreis aufgestellten Kleinkindern (ausgeführt 1940) und in der Mitte, auf einer niedrigen Granitsäule, ein Embryo kurz vor der Geburt. (ausgeführt 1923). Sie sind alle aus Bronze.

Die Fontäne

Nach der Brücke führt der Weg durch einen Rosengarten bis zur Fontäne, die den Anfang des Skulpturenparks ausmachte. Sie ist unverkennbar die Fontäne eines Bildhauers; das Interesse des Betrachters wird in erster Linie von den vielen Skulpturen gefangen und weniger vom Wasser, das von der von sechs Giganten getragenen Schale und vom Sockel unter deren Füßen gerade herunterstürzt. Die schwere Schale mag als die Last des Lebens ausgelegt werden, die mit ungleichen Kräften und Willen von den Männern unterschiedlichen Alters getragen wird. (1909, mit geringfügigeren späteren Änderungen).

Die zwanzig Mensch-Baum-Gruppen (1907—14) sind so gestaltet, daß sie mit der Mittelgruppe korrespondieren; oben breit und massiv, während der untere Teil mehr Licht durchläßt. Es gibt auch einen sinnbildlichen Zusammenhang. Wasser und Bäume waren schon seit eh und je Symbol für Fruchtbarkeit und Erneuerung, der Baum galt zudem noch als Sinnbild vom Zyklus des Lebens. Das ist das Thema, das den Baumgruppen und den sechzig Reliefs am Bassinsockel gemeinsam ist. Der Baum als Motiv war ja nichts Neues, er spielte eine wichtige Rolle in der Ikonographie der 1890er Jahre. Aber die Vereinigung von Mensch und Baum in einer Rundskulptur, wo Krone und Äste die Figur wie in einem Raum umschließen, war dennoch eine gewagte und eigenständige Idee. Durch die ständig wechselnden Licht- und Schattenwirkungen unter der Krone entsteht eine romantische Stimmung, wodurch das Ganze einen impressionistischen Anstrich bekommt. Das asymmetrische Astwerk ist vom Jugendstil geprägt, und es gibt keine zwei Bäume, die gleich sind.

Die Baumgruppen sind jeweils zu fünft an jedem der vier Ecken des Beckens aufgestellt, so wie die Entwicklung im Leben des Menschen abläuft: Kindheit, Jugend, Erwachsenendasein, Alter und Tod. Realistische und symbolische Darstellungen wechseln sich ab. Der Schwarm von Kleinkindern im ersten Baum kann als die natürliche Fruchtbarkeit des Lebens ausgelegt werden. Der Junge, der in lauschender Haltung im Baum der nächsten Gruppe sitzt, ist nach Vigelands eigenen Angaben ein Selbstbildnis als Zwölfjähriger.

Danach kommen kletternde Jungen und Mädchen, die eher untätig herumstehen. Am Ende dieses Teils ist ein junges Mädchen schwebend zwischen den Ästen dargestellt — als Sinnbild der Pubertät und der erwachenden Triebe.

Eine verträumte Frau und ein verträumter Mann schließen die Gruppe von Jugendplastiken ab; zwischen ihnen stehen drei Gruppen, die die verschiedenen Phasen in der Liebe zwischen Mann and Frau darstellen, eine zaghafte Annäherung, ein angedeuteter Konflikt und schließlich eine Umarmung.

In der dritten Ecke werden die Auseinandersetzungen deutlicher. Hier sitzt u.a. eine Frau in sich selbst versunken, auf einen tierähnlichen Baum. Ein Paar fällt kopfüber durch den Baum herunter, der sie mit seinen verdrehten Ästen aneinander festbindet. Zwischen diesen beiden Gruppen sitzt ein kleiner Säugling alleine im Baum; er mag als neuer Vertreter im Kreislauf des Lebens ausgelegt werden.

In der vierten Ecke wird das Alter dargestellt, wobei die Alten in zwei der Gruppen effektvoll mit den jüngsten Nachkommen der Familie verbunden werden. Im letzten Baum erscheint der Tod in Gestalt eines Skeletts.

Die Idee der Phasen und des Kreislaufs des Lebens wird in den sechzig Bronzereliefs um den Beckenrand wiederholt (1906—36). Unter den Reliefs gibt es mehrere phantasievolle Darstellungen von Menschen zusammen mit verschiedenen Tieren. Ein Mann kämpft verbissen, während zwischen den Tieren und den Kindern und der Frau ein intimes und vertrauensvolles Verhältnis herrscht: Die Kinder spielen mit dem Wolf, die Frau stillt ein Einhorn, läßt sich auf dem Rücken des Bären davontragen und sitzt schlafend auf dem Geweih des Rentiers. Aber außer solchen phantasievollen Darstellungen gibt es auch viele typische und realistische Situationen aus den verschiedenen Stadien des Lebens.

Die Vorstellung von Tod und neuem Leben, die einander in einem ununterbrochenen Prozess ablösen, sind hier noch unverkennbarer dargestellt als in den Baumgruppen. In mehreren Reliefs sieht man die allmähliche Auflösung toter Körper; unmittelbar danach thront dann ein kleines Kind auf dem Schädel eines Urtiers. Der Kreislauf ist geschlossen und das Leben fängt aufs neue an.

Das Labyrinth

Die Fontäne steht inmitten eines 1800 Quadratmeter großen Mosaikplatzes aus schwarzem und weißem Granit; das Muster (endgültige Version 1942)— ein Labyrinth— trägt deutlich den Stempel von Vigelands geometrischem Stil seiner späteren Jahre. Es besteht aus 16 unterschiedlichen runden Feldern, die wiederum in Quadrate eingeschlossen sind. Weiße Steine bilden den ca. 3 000 Meter langen «Weg», den man vom Eingang an der Ostseite bis zum Ausgang im Westen gehen kann. Das Labyrinth ist freilich nicht nur zur Zierde da, es kann mit seinen Wendepunkten und Sackgassen als Symbol der Lebenswanderung betrachtet werden und ist also eine sinnvolle Ergänzung der Fontänenskulpturen.

Das Monolithplateau und die Zirkeltreppe

Auf der dritten Terrasse ist man dann am höchsten Punkt des Skulpturenparks angelangt. Um einen ovalen, geplättelte Platz (120 x 60 Meter) führt eine niedrige Balustrade aus Granit mit acht schmiedeeisernen Figurentoren, die in den 1930er und 1940er Jahren entworfen und ausgeführt wurden. Damit hat der Künstler in diesem Material wirklich Originales und Schöpferisches geleistet. Vigeland läßt die Eisenstangen die Umrisse für den menschlichen Körper und Details wie Muskuln, Rippen, Hautfalten und Haar ziehen.

In dieser reinen Flächenkunst hat Vigeland auch die Tiefe von Bewegung und Entfaltung wiedergegeben, außer einer robusten, kraftvollen Charakteristik von Menschen verschiedenen Alters.

In der Mitte des Plateaus ist eine monumentale Zirkeltreppe mit 36 Granitgruppen aufgebaut, die strahlenförmig über die Stufen verteilt sind.

Genau wie bei der Fontäne ist es auch hier der Zyklus des Lebens, der das gemeinsame Thema bildet. Auf der obersten Stufe, auf der der Fontäne

zugekehrten Seite, steht eine Gruppe mit vielen kleinen Kindern, und gegenüber eine gruppe Toter. Zwischen diesen Extremen werden die Menschen in typisch allgemein-menschlichen Beziehungen geschildert — hier gibt es keine Einzelfiguren. Buben, die sich schlagen, Mädchen, die dem Leben lächelnd entgegen blikken, ein Mann, der eine Frau umarmt, und als Urbild der Familie ein einander zugewandtes Paar, das Kind liebevoll umschließend. Auch die menschlichen Aggressionen haben in dieser Schilderung des Lebens ihren Platz gefunden: es gibt sie schon bei den Kindern in einer Gruppe von Jungen, einen alten schwachsinnigen Mann quälen, beim Mann, der die Frau von sich schleudert und in der Darstellung von zwei Männern im Kampf. Der Konflikt zwischen den Generationen wird u.a. dargestellt in einer Gruppe, in der Vater sein jungen Sohn schilt. Auch Schwäche und Hinfälligkeit im Alter werden als natürlicher Teil des Daseins geschildert.

Der Granit verlangte eine ganz andere Formgebung als die Bronzeskulpturen der Fontäne, aber die Veränderung in Vigelands Stil ist auch bedingt von einem neuen Willen zur Schwere und Monumentalität in diesen Gruppen, die zwischen 1916 und 1936 modelliert wurden. Die mühselige Steinmetzarbeit überließ Vigeland seinen tüchtigen Handwerkern, die unter seiner Aufsicht im Atelier arbeiteten.

Die Figuren, die mehr als Lebensgröße haben, ruhen schwer auf dem Sockel, sie sitzen, knien oder stehen gebeugt und nur die Kinder können aufrecht stehen. Wenn man die Figuren auf der Granittreppe betrachtet, scheinen sie aus dem Fels herauszuwachsen. In den frühesten Gruppen wird eine Synthese aus Figur und Komposition angestrebt; die Former haben eine gewaltige Breite und nur sparsame Details. Nach und nach wird die Formgebung differenzierter. Vigeland lernte mit dem harten Werkstoff besser umzugehen. Es ist allerdings deutlich, daß er bei seiner Wiedergabe des menschlichen Körpers eine tiefergehende Analyse anstrebt.

Der Monolith
Am oberen Ende der Treppe erhebt sich eine 17 Meter hohe säulenähnliche Skulptur aus dem horizontalen Kreis der Granitgruppen. Oberhalb der Sockelpartie ist die Skulptur völlig bedeckt mit 121 menschlichen Figuren jeden Alters; Vigeland nannte sie deshalb gerne «Die Menschensäule». Aber weil sowohl der Sockel als auch der Figurenteil aus einem einzigen Steinbrocken herausgehauen sind, hieß sie im Volksmund bald nur noch der Monolith. Das Material dazu, wie auch der Stein für die übrigen Granitskulpturen im Park, stammt vom Iddefjord, im südöstlichen Teil Norwegens nahe der schwedischen Grenze.

Die frühesten Skizzen stammen aus dem Jahr 1919 und das endgültige

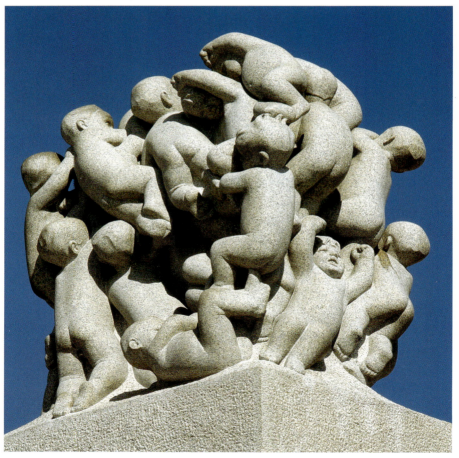

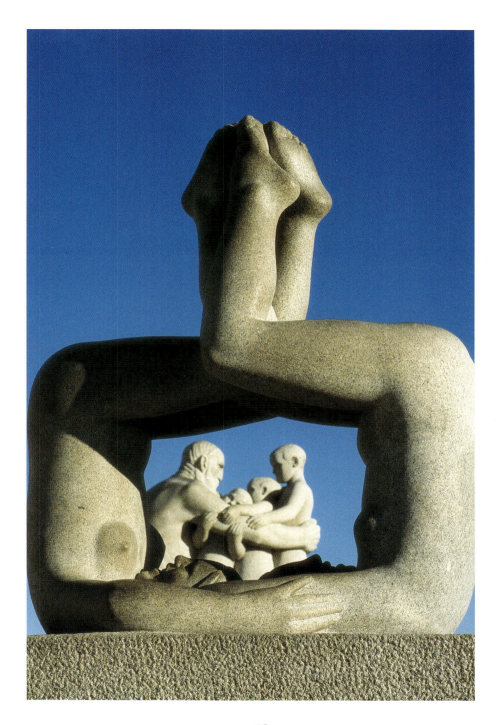

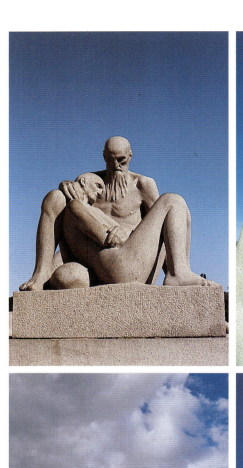

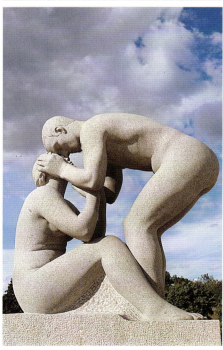
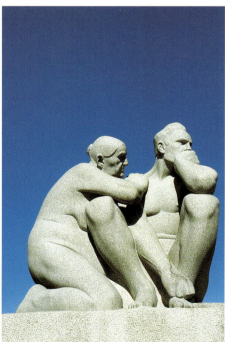

 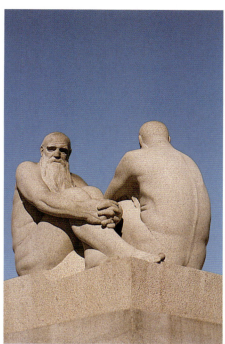
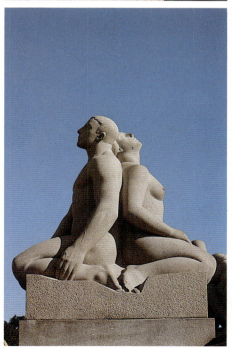 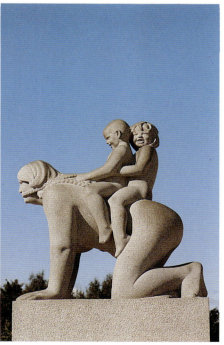

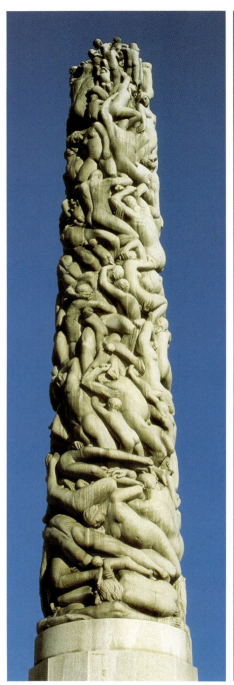

maßstabsgetreue Modell wurde 1924—25 ausgeführt. Als der Steinblock im Park aufgestellt war, wurd ein Verschlag darum gebaut, in dem auch das Gipsmodel Platz fand. Von 1929 bis 1943 waren drei Handwerker mit den Steinmetzarbeiten daran beschäftigt. Sie hatten am oberen Ende begonnen, das ursprünglich aus drohenden und bittenden Menschen bestanden hatte. Später bestimmte Vigeland, daß die Säule mit kleinen Kindern abschließen sollte die aus den schon fertigen Erwachsenenfiguren herausgehauen werden mußten.

Am Grund der Säule liegen anscheinend leblose Menschen. Über ihnen steigt der Figurenstrom in einer diagonal nach links verlaufenden Spiralbewegung, die in der Mitte zum Stillstand kommt, um sich dann der Spitze zu wieder zu beschleunigen. Vigeland verglich den Rhythmus in der Skulptur mit einer Welle, die zum Wellenberg hin ansteigt und dann ausläuft. Die Figuren bestehen aus Kindern, Männern und Frauen jeden Alters, einzeln oder in Gruppen. Einige klammern sich aneinander, manche stützen oder halten andere, während viele sich anscheinend willenlos nach oben treiben lassen.

Vigeland wollte seine Arbeiten nicht interpretieren, und er gab ihnen auch nur selten Titel. Über die Skulpturen der Zirkeltreppe sagte er folgendes: «Die Steingruppen schildern das Leben, die Säule die Welt der Phantasie. Die Steingruppen kann deshalb jeder verstehen, die Säule darf jeder auslegen wie er will». So wurde sie auch verschieden verstanden, u.a. auf Grund ihrer Form als Phallossymbol. Eine andere Erklärung mag sein, daß, Vigeland eine Synthese aus seinen beiden großen Reliefs aus jüngeren Jahren schaffen wollte— die Hölle und die Auferstehung (beide im Vigelands-Museum). Die Säule kann deshalb als metaphysische Vision vom Leben des Menschen nach dem Tode aufgefaßt werden.

Ein Stück weiter am Weg gegen Westen steht eine Sonnenuhr auf einem zwölfeckigen Sockel aus Granit; in jedem der Felder sind im Relief die Bildsymbole der Tierkreiszeichen dargestellt, die Anfang der 1930er Jahre modelliert wurden.

Die letzte Skulptur der Achse ist das Lebensrad, eine gigantische Gruppe aus sieben bronzenen Figuren, vier Erwachsenen und drei Kindern (ausgeführt 1934). Die Figuren bilden einen Ring mit einem Querschnitt von 3 Metern; sie sind auf einem Sockel in niedriger Pyramidenform angebracht, der der Gruppe eine rotierende Wirkung verleiht. In dieser Skulptur ist die Idee einer Regeneration des unendlichen Zyklus des Menschen, die das gemeinsame Thema der Fontänenskulpturen und der Granitgruppen bildet, in einer einzigen Skulptur verkörpert.

Skulpturen abseits der Hauptachse

In den 1930er Jahren machte Vigeland auch einige Skulpturen, die für eine Aufstellung abseits der Hauptachse gedacht waren. Bisher sind nur drei davon in Bronze gegossen und im Park aufgestellt worden: Von der zweiten Terrasse ausgehend, dem Monolithen zugewandt, steht gegen Norden Junges kniendes Mädchen, umgeben von zusammengerollterEchse aus dem Jahr 1938 und gegen Süden Junge und Mädchen, sich über einen Brunnen lehnend, aus dem Jahr 1939. Am End der durch die Fontäne gezogenen Querachse im Norden steht Das Geschlecht, Vigelands größte Skulptur nach dem Monolithen. Es ist eine Gruppe aus 21 riesenhaften Figuren, die 1934—35 modelliert wurden; aber erst 1988 konnte sie dank einer Spende von IBM in Bronze ausgeführt und aufgestellt werden. An jeder Schmalseite steht ein Mann Wache haltend, und dazwischen sind die Figuren, Kinder, Erwachsene und Alte, in kleineren Gruppen vereint. Vigeland zeigt hier Menschen, die in einer bedrohlichen Situation beieinander Schutz suchen.

Zwei Skulpturen stehen vor der zweiten Terrasse zwischen der Fontäne und dem Plateau mit dem Monolithen; nach Norden gewandt Junges knieendes Mädchen, umgeben von einer sich windenden Eidechse (1938) und nach Süden Junge und Mädchen, aneinandergelehnt über einem Brunnen (1939); beide Figuren in Bronze.

Im Süden, in der Nähe des Vigeland-Museums, befindet sich die 1938 modellierte Bronze-Gruppe Triangel, die auf einer kreisförmigen auf einem diagonal vom Monolithen abgehenden Weg ihren Platz gefunden hat: Zwei Frauen stürzen von jeder Seite hinunter und umklammern einen älteren Mann.

Auf der Innenseite des nördlichen Haupteingangs steht Vigelands Selbstbildnis, eine Statue aus dem Jahre 1942. In seiner Arbeitskleidung und mit Hammer und Meisel in den Händen steht er wie eine "Unterschrift" unter sein umfangreiches Werk. Ihm gegenüber, auf der anderen Seite des Platzes, wurde ein Granitstein aufgestellt, in dem die Namen derer eingraviert sind, die zu Vigelands Zeiten und später ihren Beitrag dazu leisteten, daß die Skulpturen und der Park Wirklichkeit wurden.

Das Vigeland-Museum liegt ca. 5 Minuten Spazierweg vom Vigelandpark. Es wurde von der Stadt Oslo als Atelier und Wohnung für Gustav Vigeland errichtet. Dafür überliess Vigeland der Stadt fast seine gesamte Produktion. Ein einzigartiger Vertrag war dadurch zwischen einer Stadt und einem Künstler geschlossen worden. 1924 war Vigeland in das neue, grosse Gebäude, das ein Areal von 3,2 Dekar deckt, eingezogen. Im 2. Stock über dem Ostflügel erhielt er eine Wohnung. Hier lebte und arbeitete er bis zu seinem Tode im Jahre 1943. Das Museum wurde 1947 eröffnet; es birgt ca. 1600 Skulpturen, 12.000 Zeichnungen, 420 Holzschnitte. Hier können wir Vigelands Jugendarbeiten sehen, seine Porträts und Monumente, ausser mehreren hundert plastischen Skizzen. Wir können seiner Entwicklung als Künstler folgen und Einblicke gewinnen in seine reiche Phantasiewelt und bildschaffenden Fähigkeiten.

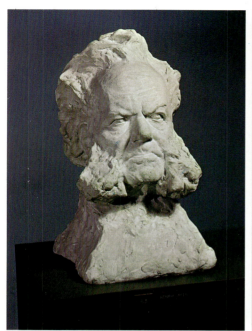

Deux filles qui dansent. Granit. 1916
Henrik Ibsen. Plâtre. 1903
Mère et enfant. Marbre. 1909
Jeune homme et femme. Marbre. 1906

Die Brücke. Plan der Skulpturen

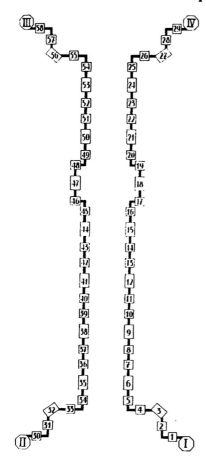

5. Zwei Mädchen hintereinander.
6. Mann im Lauf, einen Jungen auf dem Rücken tragend.
7. Mädchen an Frau gelehnt.
8. Mädchen mit Händen über dem Kopf.
9. Mann Mädchen hochhaltend.
10. Junger Mann mit Händen auf dem Rücken.
11. Mann mit überkreuzten Armen.
12. Alter Mann schlägt Jüngling.
13. Frau, die Hände vor den Mund haltend.
14. Älterer und jüngerer Mann
15. Mann, Frau vor sich hochhaltend.
16. Frau hinter Mann stehend.
17. Kleines lachendes Mädchen.
18. Mann und Frau von Ring umschlossen.
19. Kleiner Junge zur Seite blickend.
20. Mann hinter Frau stehend.
21. Mann, Frau sich hertragend.
22. Junge Frau mit geballten Fäusten.
23. Junge Frau zur Seite blickend.
24. Tanzende junge Frau.
25. Mann mit Händen hinter dem Kopf
26. Mann mit Jungen um den Hals.
27. Mann jongliert mit 4 Kleinkindern (Genien).
28. Alter Mann, kleinen Jungen an der Hand führend.
29. Mann, die Hände auf der Brust haltend.
30. Mädchen mit Säugling auf dem Kopf
31. Frau mit Säugling im Arm.
32. Frau, Säugling vor sich hochhaltend.
33. Kleines Mädchen hinter Frau stehend.
34. Zwei Jungen mit Blick nach oben.
35. Frau, schlafendes Kind tragend.
36. Mädchen vor Frau stehend.
37. Junge Frau, mit Händen auf den Hüften.
38. Zwei laufende Jungen.
39. Mann mit Händen auf den Hüften.
40. Mann mit hängenden Armen.
41. Mann und Frau im Tanz.
42. Frau mit Händen auf dem Rücken.
43. Frau mit hängenden Armen.
44. Mann, Frau über den Kopf schleudernd.
45. Mann und Frau einander gegenüberstehend.
46. Kleiner schreiender Junge, «Trotzköpfchen».
47. Mann in einem Ring.
48. Kleines Mädchen mit seitlich ausgestreckten Armen
49. Mann hinter Frau stehend.
50. Laufender Mann.
51. Frau mit erhobenen Armen.
52. Lachende Frau.
53. Frau, einen Mann anspringend.
54. Mann mit Säugling im Arm.
55. Junge vor Mann stehend.
56. Mann, alten Mann hochhebend.
57. Alter Mann mit Jungen auf dem Rücken.
58. Mann zur Seite blickend.

Die Ecken der Brücke: 4 Gruppen Drachen und Menschen in Granit
I. Frau lässt sich vom Drachen umarmen, 1918
II. Mann im Kampf mit kleinem Drachen, ca. 1930.
III. Mann im Kampf mit Drachen, 1918.
IV. Drachen erdrückt nackten Mann, 1930.

Brückengeländer: 58 Figuren und Gruppen aus Bronze, 1926—33.
1. Junge, einen Säugling auf dem Kopf tragend.
2. Mann zwei Säuglinge tragend.
3. Mann wirft Jungen in die Luft.
4. Frau mit Säugling auf dem Arm.

Die Fontäne. Plan der Skulpturen

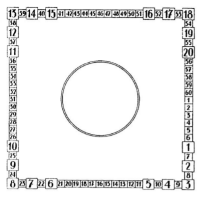

Baumgruppen Bronze. 1906-14
1. Kinder-(Genie-)Schwarm.
2. Junge sitzt lauschend im Baum.
3. 2 kletternde Jungen.
4. 3 Mädchen um den Baum stehend.
5. Mädchen zwischen den Ästen schwebend.
6. Junges Mädchen sich aus dem Baum lehnend.
7. Junge und Mädchen mit der Stirn gegeneinander.
8. Mann hinter Frau stehend.
9. Mann, Frau umarmend.
10. Mann stehend mit Kopf in der Baumkrone.
11. Frau auf tierähnlichem Baum sitzend.
12. Säugling im Baum sitzend.
13. Mann und Frau mit Kopf nach unten.
14. Mann sich um den Baum schwingend.
15. Mann, Säuglinge (Genien) jagend.
16. Mann, außen am Baum kletternd.
17. Alte Frau und kleiner Junge.
18. Alter Mann und Junge.
19. Alter Mann, sich an den Baum klammernd.
20. Der Tod im Baum sitzend.

Reliefs. Bronze. 1906-36.
1. Kleiner Junge (Genius) auf dem Schädel eines Tiers.
2. 5 Kleinkinder (Genien) sammeln Gebeine und schweben damit davon.
3. Kleinkinder (Genien) nach oben schwebend.
4. Fohlen tritt kleines Kind (Genius).
5. 2 Kleinkinder (Genien) über Fohlen schwebend.
6. 4 Kleinkinder (Genien), mit Wolf spielend.
7. 5 Kleinkinder (Genien), auf Bärenkind herabblickend.
8. 4 Jungen sich an den Händen führend.
9. 2 Mädchen hüten Lämmchen.
10. Grosser Junge wendet sich schreiendem Jungen zu.
11. 2 Mädchen mit Säuglingen auf dem Arm.
12. 3 Jungen in Schlägerei.
13. 3 stehende Jungen, Rücken dem Beschauer zugekehrt.
14. 3 tanzende Mädchen.
15. 2 Mädchen mit Säuglingen (Genien) über dem Kopf
16. Junge im Kampf mit dem Adler.
17. 2 Mädchen, sich schlagende Kleinkinder festhaltend.
18. Kleines Mädchen auf dem Knie eines stehenden Mädchens.
19. Junge, Mädchen im Nacken packend.
20. 2 Mädchen, Zwerg tragend.
21. Zwerg, Mädchen tragend.
22. Liegender junger Mann.
23. Junge mit Armen auf den Schultern des Mädchens.
24. Junge und Mädchen gegeneinander stehend.
25. Liegende Frau mit dem Rücken zum Betrachter.
26. Junger Mann und Frau voneinander abgewandt.
27. Junger Mann stehend mit geschlossenen Augen. 4 Säuglinge (Genien) über ihm schwebend. «Der Träumer».
28. Alte Frau, junges Mädchen jagend.
29. 2 tanzende Mädchen bilden ein Ornament.
30. Frau auf Rentierhorn sitzend.
31. "Auf dem Grunde des Meeres". Liegende Frau mit Säugling, Fisch über ihnen schwimmend.
32. Junge Frau auf einem Bären reitend.
33. Schlafender Junge; Frau über ihm schwebend.
34. 2 schwebende junge Frauen.
35. Ältere und junge Frau.
36. Frau und Einhorn.
37. Liegender Säugling.
38. Frau zwischen 2 Männern stehend.
39. Mann zwischen Frau und jungem Mädchen.
40. Mann und Frau beim Tanz.
41. Frau hinter sitzendem Mann kniend. «Tröstung»
42. Kniender Mann setzt Säugling auf den Kopf von sitzender Frau.
43. Frau zwischen Mann und Kind.
44. Mann und Frau mit totem Kind.
45. Mann und Frau schwebend.
46. Alter Mann tritt Wolf.
47. Dicker Mann und erschrecktes Mädchen.
48. Liegender Alter zu 2 Jungen aufblickend.
49. 2 Männer gegeneinander sitzend.
50. Kriechender Alter blickt nach oben. «Der Einsiedler».
51. Alter Mann und alte Frau gegeneinander sitzend.
52. Abgemagerter Alter auf dem Rücken liegend.
53. Alte Frau, zwei kleine Jungen an der Hand haltend.
54. Alte Frau, kleinen Jungen segnend.
55. Abgemagerte alte Frau, auf dem Rücken liegend.
56. Der Tod scheidet Mann und Frau.
57. 3 Männer zur Seite fallend.
58. 5 schwebende Skelette.
59. Männliches Skelett, sich auf liegendes weibliches Skelett senkend.
60. Skelett-Teile in Auflösung.

Granitgruppen. 1915-36.

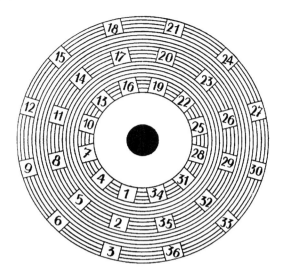

1. Säuglinge in einer Haufen. «Gewimmel der Genien».
2. Mann und Frau sitzend mit Säugling.
3. Frau, sich über Kinderschar beugend.
4. Gruppe mit vielen Kindern.
5. Alter Mann im Sitzen seine Arme um 4 Jungen haltend.
6. Junge und Mädchen auf einer Frau reitend.
7. 8 Mädchen im Kreis, Rücken dem Betrachter zugekehrt.
8. 2 Mädchen stehen auf dem Kopf und lachen.
9. 5 Lachende Mädchen kniend.
10. Mann legt die Hand auf die Schulter eines Jungen, der sich wegdreht.
11. 3 Mädchen einen Jungen tragend.
12. Schlägerei zwischen Jungen.
13. 2 junge Männer, nebeneinander sitzend.
14. 2 Jungen necken einen schwachsinnigen Mann.
15. 3 kniende Jungen halten Ausschau nach einem Vogel.
16. Junger Mann und Frau, Rücken an Rücken sitzend.
17. Junge und Mädchen hintereinander kniend. «Erschreckt».
18. Stehender junger Mann beugt sich zu sitzender junger Frau herab.
19. Frau zusammengekauert hinter dem Rücken eines Mannes.
20. Alte Frau legt die Hand auf den Kopf einer jungen Frau, um ihr den Segen zu geben.
21. Alte Frau, junger Frau das Haar aufsteckend.
22. Mann und Frau, mit der Stirn gegeneinander sitzend.
23. Junges Paar mit Abstand gegeneinander sitzend.
24. Mann, Frau hochwerfend.
25. 2 junge Frauen.
26. Älterer Mann und lachende junge Frau.
27. Mann, eine Frau kniend von hinten umarmend.
28. 2 junge Männer, Rücken an Rücken sitzend.
29. 2 Männer im Kampf
30. Alte Frau legt die Hand auf die Schulter eines jungen Mannes, der sich abwendet.
31. 2 alte Männer.
32. Alte Frau sich im Sitzen an alten Mann lehnend.
33. 2 alte Frauen hintereinander kniend und lauschend.
34. Tote Menschen.
35. 3 alte Frauen, nebeneinander sitzend.
36. Mann, toten Mann tragend